COLOMBINE

TOUTE SEULE,

Scène-parade, mêlée de Vaudevilles ;

Par MOREL, MARTY et PHILIBERT.

Représentée, pour la première fois, à Paris ; sur le Théâtre des Jeunes-Artistes, le 11 Brumaire, an X de la République Française.

A PARIS,

Chez FAGES, Libraire, boulevard Saint-Martin, N°. 26, vis-à-vis le Théâtre des Jeunes Artistes, et rue Meslé, N°. 25.

An X. (1801.)

P E R S O N N A G E.   ARTISTE.

COLOMBINE, fille de M. Cassandre,
   épouse d'Arlequin, et encore aimée
   de Gilles.   M^e. *Delaporte.*

Le Théâtre représente un Sallon simple, sans ornemens : un judas est au milieu du Théâtre, une fenêtre à droite, en face de la fenêtre un miroir et un cabinet ; la porte à gauche.

COUPLET D'ANNONCE.

Air : *Si Pauline est dans l'indigence.*

Arlequin, Gilles et Cassandre,
Seuls, au théâtre ont réussi ;
Colombine s'est fait attendre,
Mais enfin, messieurs, la voici.
L'Actrice est encor incertaine,
Ce soir daignez combler ses vœux ;
Et bien qu'elle soit seule en scène,
Ayez de la bonté pour deux.

COLOMBINE
TOUTE SEULE,
SCÈNE UNIQUE.

(*Colombine est devant un chevalet, sur lequel on voit un portrait en pied d'Arlequin, qui n'est encore qu'esquissé.*)

Tandis qu'Arlequin est à son poste, occupons-nous à terminer son portrait... depuis quelque tems j'ai à me plaindre de lui. — Il est jaloux, grondeur, ah! ma mère avoit bien raison de me répéter sans cesse.

Air : *Du chapitre second.*

Le bonheur, on l'a dit souvent,
N'est pas toujours en mariage,
S'il est époux, le tendre amant
Perd ses vertus, devient volage ;
Le mariage est un portrait,
Qui de profil est plein de grâce,
De trois quarts encore il nous plait,
Il plait moins s'il est vû de face.

Mais je devois m'attendre à tout en épousant un personnage aussi singulier. — Son caractère est aussi bizarre que son costume est bigarré, il change à chaque instant d'état, d'emploi, tout le monde le sait.

Air : *Toujours debout, toujours en route.*

Ses ancêtres n'étant pas riches,
D'abord il posa des affiches,
Chacun admira son talent,
Comme tout lui devint possible,
Un jour il fut *incombustible* ;
Maigre *restaurateur, friand,*
Mauvais *débiteur, revenant,*
Doge de Venise, imbécille,
Il se montra l'égal de Gille ;
Puis quittant ce rôle bientôt,
Dans son ménage il fit un saut,

A 2

De *Cruello* suivant la piste,
Fut *Jenesaiski*, parodiste,
Tout le monde le voyant *seul*,
Crut revoir Carlin son ayeul,
Avec son rival en querelle,
Arlequin devint *sentinelle*;
Tous les mois il change d'état,
De Doge, le voilà soldat.

Oui, soldat, et fifre dans un régiment où monsieur Cassandre, mon très-honoré père, a le poste lucratif de quartier-maître; et où monsieur Gilles a l'emploi bruyant de tambour.

Air : Tarare pompon.

Ennuyé de se voir
Ignoré dans le monde,
Il voulut qu'à la ronde,
On connût son savoir,
Et pensant quoique Gille,
Faire du bruit un jour,
Il se fit de la ville,
      Tambour.

(*Regardant le portrait d'Arlequin.*) — Ce n'est encore qu'une esquisse; — mais que de gens en sont réduits-là ?

Air : De Teniers, par Plantade.

Un auteur, un peintre novice.
N'a que l'esquisse du talent,
Une coquette par caprice,
Prend l'esquisse du sentiment;
Gloire au héros dont la main protectrice,
De la discorde éteignit le flambeau;
Ah ! du bonheur s'il nous offrit l'esquisse,
      Bientôt nous aurons le tableau.

Il n'est pas mal du tout, il faut en convenir.

Air : Du vaudeville d'Angélique et Melcour.

Ce portrait que traça ma main,
Sans exciter sa jalousie,
Remplacera mon Arlequin;
S'il s'éloigne de son amie,
Voilà bien son air de gaité,
Ce doux regard qui peint son âme !..
      (*En riant.*)
Un mari n'est jamais flatté,
Lorsqu'il est peint par sa femme.

(*Elle prend la palette.*) Mais le maladroit ne m'a pas laissé de noir. – Comment nuancer la figure. – L'étourdi n'en fait jamais d'autres. – Allons, il faut encore renoncer à cette occupation ; car le mérite d'un peintre est de copier la nature et de donner à chaque objet la couleur qui lui convient.

Air : *Du vaudeville d'Abuzard.*

Dans les couleurs plus d'un savant,
A su trouver plus d'un emblême,
Le *rouge* à ce que l'on prétend,
Peint les feux d'un amour extrême ;
Le *blanc* désigne la candeur,
Et le *verd* nous peint l'espérance,
Sur le *jaune* pour leur honneur,
Les maris gardent le silence.

Des couleurs aussi l'on se sert
Au théâtre : car à la vue,
Le chevalier noir, l'homme vert,
S'offrent au coin de chaque rue ;
C'est que nos modernes auteurs,
Du goût s'érigeant les arbitres,
S'ils font des pièces sans couleurs,
Veulent en donner à leurs titres.

Je me sens en gaité ce matin. – Si je répétais l'Allemande. – J'aime cette danse à la folie.

Air : *De l'Allemande.*

Par l'amant,
Le plus souvent,
L'Allemande est choisie ;
Elle est dit-on,
L'aiguillon
De la galanterie.
Avec grace,
On s'enlace,
Instant
Vraiment
Heureux,
Pour deux.
Le bras presse
Et caresse
Un objet
Parfait
Qui plait.
Au bras,
Cédant ses appas,

La belle ,
Moins rebelle ,
Laisse échapper un soupir ,
Que le plaisir
Appelle.
Douce extâse !
Amour embrâse
En ces momens ,
Les sens.
La danse cesse ,
Et laisse
En finissant
L'amant
Content.

(*Elle danse un moment et dessine quelques passes ; tout-
à-coup elle s'arrête, en entendant frapper.*)
Mais on frappe, je crois, trois coups. – Ah ! c'est sans
doute mademoiselle Duschall , ma marchande de modes,
ne la laissons pas attendre. (*Elle court à la porte, qu'elle
trouve fermée.*) Que vois-je ? La porte est fermée. – Oh !
mon dieu oui. – C'est sans doute encore là un des jolis
témoignages de tendresse de mon Arlequin. – Il est jaloux,
et m'aura enfermée. – M'enfermer ? – M'enfermer ?..... et
dans le moment encore où... Mais elle m'attend, elle m'ap-
porte mes ajustemens. – Par quel moyen les recevoir ?
– Attendez s'il vous plait. – Ah ! il me vient une idée, ce
judas donne dans la boutique de ma sœur Argentine, et
par-là , je pourrai. – Oui, c'est cela. – Descendez chez ma
sœur – hein. – Oui, la petite porte, au bas de l'escalier.
– Comment ? – Pourquoi ? – Vous allez le savoir. – **La
bonne invention.**

Air : *Une fille est un Oiseau.*

On voit souvent,
Un amant,
Employer le stratagême,
Pour revoir l'objet qu'il aime,
Et lui parler un moment.
Franchissant porte et fenêtre,
Pour lui remettre,
Une lettre ,
Souvent on le voit paraître ;
Il eut pû sans tant chercher,
D'un judas faisant usage,
Lui remettre son message,
Par la porte du plancher.

(*Elle ouvre le judas, et descend un ruban.*)
Tenez, prenez ce ruban. – Vous riez. – Je suis enfermée.

(7)

– Oh ! mon dieu, oui, il a la clef. – Attachez votre carton.
–Oui. – Oui, il y passera – c'est cela. (*Elle tire le carton
à elle.*) Revenez demain matin. – Oui, je serai libre. – **A**
cette heure-ci. (*Elle ferme le judas, et ouvre le carton.*)
Mais qu'est-ce que cela ?... – Un billet doux à mon adresse.
– Qui me fait cette galanterie. (*Elle ouvre le billet.*) **Ah !**
c'est de Gilles, glisser une lettre dans un carton, quel
effort de génie, je ne lui aurois pas soupçonné tant de
malice. – Voyons l'épître du tambour Gilles.

Air : De Lisbeth.

Au pas redoublé, mon amour,
Le soir et le matin s'exprime ;
La baguette sur mon tambour,
Troublant les échos d'alentour,
Pour vous, Colombine, s'escrime.
Veuillez me tirer d'embarras ;
Car dans le poste où l'on m'installe,
Mon tendre cœur pour vos appas,
Chaque jour, (*bis.*) bat la générale.

Une réponse de bureau, dans le carton. –Voyons ce que
contient celui-ci, cela doit être charmant. (*Elle examine
ce que contient le carton.*) Le joli chapeau !... Des plumes.
– Bon. – C'est le dernier goût.

Air : Du vaudeville de la fille en loterie.

L'amour qui se niche par-tout,
Prête à la mode sa folie,
Même dans le temple du goût,
C'est par lui qu'elle est embélie.
Il semble avec légèreté,
Inventant des formes nouvelles,
Sur les cheveux de la beauté,
Placer les plumes de ses ailes.

Le divin spencer, noir ! –Oui.–C'est la mode du jour.
– Essayons d'abord le chapeau. (*Elle se met devant le
miroir.*)

Air : J'ai vu par-tout, etc.

Ce chapeau me sied à merveille,
Il est pourtant trop sur les yeux ;
– Si je le penchois sur l'oreille,
Je crois qu'il m'iroit beaucoup mieux...
– Dans son miroir on veut paroître,
Toujours mieux qu'on n'est en effet ;
Et l'on s'y voit comme on veut être,
Sans jamais s'y voir comme on est.

(8)

(*Elle se mire quelque tems et place le chapeau sur sa tête.*)
Ah ! les femmes ?... Les femmes ?...

Air : *Si Dorilas n'en parloit guère.*

L'une pour paroître jolie ,
De l'art, choisit les agrémens ;
Et l'autre par coquetterie ,
Sans aimer, s'entoure d'amans.
De l'amour en vain l'on se joue ,
La coquette enfin se dément ,
Et comme celle de *Lanoue*,
Cesse de l'être au dénouement.

Mais à propos de modes et de chapeau ! Si je pouvois
à mon tour intriguer Arlequin, le punir de ses soupçons
et de son peu de confiance. — Oui, c'est cela. — Parbleu,
endossons un de ses habits d'uniforme. (*Regardant à la
fenêtre.*) Il est sur la place d'armes. — Bon... Ne perdons
pas un instant (*Elle endosse un manteau qu'elle va prendre
dans le cabinet.*) — Suis-je bien, comme cela ?

Air : *De Marcelin.*

Graces à mon habileté ,
En galant je suis déguisée ;
Je n'ai pas l'air trop emprunté ,
Courons-donc vîte à la croisée.
Du jaloux, voyons le dépit ,
Trompé par la métamorphose...
Mais pour bien porter cet habit ,
(*Cherchant le chapeau.*)
Il me manque encor quelque chose.

Le chapeau de travers, c'est cela. — Plaçons-nous maintenant. — Tournons le dos à la fenêtre. — Il regarde de ce
côté. — Avancons la tête. — Il me voit, ayons l'air de cau-
ser. — Il paroît inquiet. — Bon. — Il donne dans le piège. — Il
s'avance, je crois. — Il est sous la fenêtre. — Retirons-nous.
— Il monte l'escalier. — Ne le laissons pas entrer. — Il m'a
enfermée, enfermons-le à notre tour. — Pan. — (*Elle pousse
les verroux.*) Il tourne la clef. — Oui, ouvre. —(*En riant.*)
Le monologue à deux, pour l'embarrasser davantage. —
(*Elle contrefait sa voix.*)
— Ah ! sans doute, charmante Colombine !...

(*Elle répète ce qu'Arlequin est censé dire derrière la porte.*)
Sangodémi. — Ce n'est qu'après l'avoir vu sortir que je
suis entré. — La coquine !... — Ah ! c'est un singulier mari
que mon Arlequin. — Il a entendu ; continuons. — Jaloux
à l'excès, ne me laissant jouir d'aucun plaisir. — Il enrage.

(9)

(*Arlequin frappe vivement à la porte.*) Et encore aujour-
d'hui même, ne serois-je pas restée seule. — Appuyons. — Si
vous ne fussiez venu me tenir compagnie, en employant
la ruse accoutumée. — Par la fenêtre; oui-da. — Il le croit
entré par la fenêtre. — Ah! Colombine, vous avez bien
raison de détester la solitude.

Air : *De Chaulieu à Fontenay.*

Dieu créa l'homme à son image,
Mais il s'ennuya du solo ;
Puis, il fut plus heureux que sage,
Dès qu'il eût connu le duo :
Et du ciel la prudence extrême,
Voulut, pour que tout allât mieux,
Que l'on ne fut heureux soi-même,
Qu'en faisant un second heureux.

Répondons.

Air : *Du défi.*

Ainsi que vous, je le confesse,
En musique, un quatuor plaît ;
Mais à l'amoureuse tendresse,
En tout tems le trio déplait.
Oui, si le solo nous ennuye,
Un joli duo nous distrait ;
Il fait le bonheur de la vie,
Quand il offre un accord parfait.

Il frappe du pied. — Monsieur, n'aime pas la musique.
—Donnons-lui le coup de grace. — Permettez que sur cette
main... — Ah! monsieur, si mon époux... (*Elle se baise
la main.*) Il n'y tient plus. — Il redoute l'esclandre. — Il
descend, je crois. — Oui, reprenons notre poste. — (*Elle
se remet à la fenêtre.*) — Où court-il ?... — Il revient. — Il
tient un fifre. — Qu'en veut-il faire ?... — Garre à nous...
(*Elle s'éloigne de la fenêtre.*)

(—On entend jouer l'air : *Nous nous verrons demain sur
le champ de bataille.*)

Quel air choisit-il ?... *Nous nous verrons demain sur le
champ de bataille.* Ah! j'entends, monsieur mon époux me
provoque en duel.

Air : *Du vaudeville de Jean Monet.*

Ne redoutons pas l'issue,
De ce ce duel conjugal ;
Je puis m'offrant à sa vue,
Triompher de mon rival.
On l'a dit et redit,
Lorsqu'un tel duel s'engage,
Femme a toujours l'avantage ;
C'est le mari qui fléchit.

Indiquons-lui que nous acceptons. – Il m'attend. – Réfléchissons un moment... N'ai-je pas poussé assez loin ma vengeance. – Sa jalousie même est une preuve d'amour.

Air : *De la coquette.* (Contre-danse.)

D'un époux,
Jaloux,
Dans mon courroux,
Par un moyen bien doux,
La folle manie,
Est punie;
Mais
Après,
Ces
Traits
Fais,
Sans tarder,
Succéder
Le pardon
A la leçon,
Dit en ce jour,
L'amour :

En tous lieux,
Impérieux,
Ce foible enfant,
Est triomphant;
Vainqueur,
Du cœur,
Quand on le désole,
Il s'envole,
Il fait fuir,
Le désir,
Le plaisir;
Rien
Ne le retient :
Chagrin,
On désire en vain,
Son retour,
Un jour.
D'un époux. etc.

Oui, je dois,
A sa voix
Obéir.
Suivant mon désir,
J'ai su punir,

Arlequin ta cruelle offense,
Aussi je pense,
En ce moment,
Qu'il est prudent,
De pardonner,
Et d'éloigner,
Tout souvenir,
Qui pourroit ternir,
L'avenir.
D'un époux. etc.

Je me suis engagée heureusement dans cette aventure, et maintenant je suis embarrassée pour le dénouement. — Eh! parbleu cet habit a causé son erreur. — Eh bien! que l'habit lui rende raison.

Air : *Trouverez-vous un Parlement.*

Enveloppons dans ce mouchoir,
Le rival dont l'aspect l'enflamme,
En l'ouvrant il pourra savoir,
Ce dont est capable une femme ;
Au duel, un homme d'honneur,
Le plus souvent ne manque guère ;
Eh bien donc, pour qu'il soit vainqueur,
Descendons lui son adversaire.

(*Elle ôte son manteau, l'enveloppe, y attache un ruban, et le descend par la croisée.*) Il se promène. — Il apperçoit son rival. — Il ouvre. — Il sourit. — Il se met à genoux. — Que veut-il faire?... — Il écrit. — Nous allons voir ce qu'il écrit. — (*Attachant son ruban à la fenêtre.*) Ne perdons pas le fil de notre correspondance. — Il plie sa lettre. — Remettez la réponse au courier. — (*Elle tire le ruban.*) Je vais savoir quelle a été l'issue du combat. — Je tremble d'ouvrir. — (*En riant.*) Allons, du courage ; lisons.

Air : *Du vaudeville du télégraphe d'amour.*

» D'avoir pu soupçonner ta foi,
» Si ton Arlequin fut coupable,
» Tu dois lui pardonner, crois-moi,
» Son erreur étoit excusable ;
» Tant que je serai ton époux,
» Puis-je changer ma chère ?
» Ah ! je serai toujours jaloux...
» Mais jaloux de te plaire.

Le voilà corrigé. — Mais il attend la réponse. — Faisons-la lui d'un style pathétique. (*Elle déclame à la fenêtre.*)

» Ne soyez plus jaloux, Colombine pardonne. «
(*On entend un roulement de tambour.*)
Le maudit Gilles? avec son tambour. – Dans mon plus beau moment encore. – Arlequin est parti. – La réconciliation étoit presqu'achevée... – Mais la parade va commencer. – Je veux ménager à mon époux, une surprise agréable, et lui prouver que je ne conserve pas de rancune. – Allons au-devant de lui. – J'oublie que la porte est fermée. – Comment sortir? (*Montrant la fenêtre en riant.*) Par le chemin du rival ? – Ce projet est trop élevé. (*Regardant le judas.*) Ce judas pourroit encore... – Non, c'est un moyen trop bas. – Je fais une réflexion, quand Arlequin a essayé d'entrer, il a ouvert la porte en dehors. – Eh bien, tirons les verroux, et nous serons libre. (*Elle les tire, et ouvre la porte.*) C'est cela. – Sortons. – Mais avant de partir, deux mots.

Air : *Que d'établissemens nouveaux*, de l'Opéra comique.

> Femmes qu'on trahit si souvent,
> Et qui montrez trop d'indulgence !
> Venez de moi, savoir comment,
> Il faut exercer la vengeance.
> Vos maris deviendront plus doux,
> Si par vous leur faute est punie
> Pour tromper un mari jaloux,
> Venez me tenir compagnie.

(*Le tambour bat aux champs, et la musique joue l'air du pas redoublé.*)

Air : *Du pas redoublé.*

> Arlequin ici va venir,
> Car la garde défile,
> Rien ne peut plus me retenir,
> Sortons de cet asyle ;
> Pour lui, sans doute, il sera doux,
> De revoir son amie.....

A u   P U B L I C.

> Je cours embrasser mon époux,
> La parade est finie.

(*Elle sort. – On baisse la toile.*)

F I N.

www.ingramcontent.com/pod-product-compliance
Lightning Source LLC
LaVergne TN
LVHW021623170726
843501LV00010B/4131